기린 울음

삶의 시선 023

기린 울음

초판 1쇄 발행 | 2007년 3월 30일

지은이 | 고영서
편집인 | 박일환
편집주간 | 김영숙
편집부 | 엄기수 박광수
펴낸곳 | 도서출판 **삶이 보이는 창**
등록번호 | 제18-48호
등록일자 | 1997년 12월 26일

(150-820) 서울시 영등포구 대림1동 929-5(2층)
전화 | (02) 848-3097 팩스 | (02) 848-3094
홈페이지 | www.samchang.or.kr

값 6,000원
ⓒ 고영서, 2007. Printed in Seoul, Korea.

ISBN 978-89-90492-43-2 03810

기린 울음

고영서 시집

삶이 보이는 창

■ 自序

　서른도 끝자락에 닿아 집 한 채를 짓는다. 여기저기 부려놓은 세간들은 한 곳에 들이니 찌그러지고 해진 것들이 눈에 띄어 안쓰럽다.
　항암치료를 받으면서도 전 근무지를 찾아가 계속 일할 거라셨던 아버지, 아버지라고 불러본 적 없는 아버지. 나는 여전히 철이 없고 싶어서 그렇게 부릅니다. 아빠!

2007년 봄 광주에서
고영서

■글차례

5 · 自序

1부

13 · 사랑
14 · 그 오랜 가뭄의 끝
16 · 붉새
18 · 기타치는 女子
20 · 춘향 어록
21 · 3월의 동요
22 · 모과
23 · 커피, 카피, 수 다방
24 · 오후를 쟁기질하다
25 · 강설기降雪記
26 · 향림제재소
28 · 운주사 一泊
30 · 안면도에서
32 · 공명共鳴
34 · 도라지타령

2부

혀 · 37
동쪽으로 걷다 · 38
기린 울음 · 40
천잠天蠶 · 42
달빛 밟기 · 44
첫눈 오는 날 · 46
살리에리를 위하여 · 48
우표 한 장의 그리움 · 50
쪽잠 · 52
석봉이 아재의 꽃밭 · 53
옛사랑 · 54
간디학교 사모님 · 56
텔레비전 · 57
빈 담배가게 앞 · 58
선암사에서 · 60
군내버스를 탔다 · 62

3부

67 · 광장에 아침햇살이 떨어지기 전에
68 · 화려한 분출
70 · 마음의 간이역
72 · 김진덕 여사의 오월
74 · 석류꽃이 필 때
76 · 사슴 사내
78 · 웃음소리
79 · 총알과 개미
80 · 오치동 할미꽃
82 · 고추모를 심던 날
84 · 탈곡
86 · 김상회 선생님
88 · 끊어진 기타줄에 대하여
90 · 그녀와 나 사이에 끝없는 강물 흐르네
92 · 참치를 찾아서

4부

노원마을 공중변소 · 95
노원마을, 빨래 · 96
노원마을 민들레 · 98
노원마을 · 100
울력 · 102
그 염소 왕관 쓰고 · 104
길 · 105
아플리케 · 106
미역국 · 107
녹우당에서 나를 읽다 · 108
저녁길의 환청 · 110
열세 살, 봄 · 112
장마 · 113
향기 나는 房 · 116
싸락눈 · 118
접근금지, 로부터 · 120

해설 숫처녀처럼 순정한 사랑의 詩 김준태 · 122

1부

사랑

며칠째 목에 걸려 있는 가시
가만있으면
아무렇지 않다가도
침을 삼킬 때마다 찔러대는 가시
손가락을 넣으면
닿을 듯 말 듯
더 깊이 숨어버리는

잊는다 잊는다 하면
선명하게 되살아나는
견딜 만큼 아픈,
당신

그 오랜 가뭄의 끝

이렇게 지글거리는 땡볕으로
살갗이 드터지고
오장육부가 뒤틀리도록
불륜의 그대에게 스며들고 싶어

세상의 아기들이
엉엉 울고
세상의 어미들이
손가락질하고
나혜석이 웃고, 녹수가 웃고
천지에 불순한 소리
가득한
이 오만방자함에
돌을 던지고
하늘이 진노하시고

우르르 쾅쾅!
천둥번개라도 쳐대면
그리하여
한바탕 비라도 내리신다면

내가
사마리아 여인이면 또 어떠리

붉새

하나 둘 네온이 눈뜨는 도시

저 거대한 마왕의 성은
어둠 속이라야 확연하게
제 모습을 드러내는 법
러닝머신 위에서 헉헉대는 숨소리,
클랙슨 소리
부산토록 번져오는
다섯 시나 혹은 여섯 시의 절망
절망에 독 오른 여자,
홍등가 불빛보다 빠르게 점화되는 그
마녀의 심장 아래
검푸른 잎사귀들 파르르 헤집고 떠밀려오는
바람의 끝을 알고 싶어
하루의 끝간 데를 붙잡고 싶어
어둠에 항복하기 직전의 저 여자 이맘때면 나타나
화형식을 치른다

낮 동안의 잠에서 깨어난 마왕이
꿈틀대자

하나 둘 눈뜨는 불빛 속을 가로질러
연보라 잔광 속으로
온 힘을 다해 치솟아 오르는
불새 한 마리

기타 치는 女子

텅 빈 내부의
저 기타는 오랫동안 울었다, 아니다
울지 않는다 나는
손가락을 퉁길 때마다 파닥거리던
쾌감의 운율조차 까마득히 잊어가며
간신히 벽에 기대어 있는 거다
오래된 집
오래된 옷
오래된 가구
그 오랜 것들의 들숨이 이루어 낸 소리를 밀고
적막이 나를 두드린다
때로, 저것들 마주하지 못하고 물구나무 서보면
잊었던 상처가 화끈 살아나
절망의 공동空洞을 퉁기게도 하지
이태 전, 자궁암을 앓을 때 빠져 나온
발아하지 못한 씨앗의 동공,
그는 사내아이였을까
뭉크의 절규 속을 저벅저벅 걷다가
들이댄 메스에 섬뜩 놀란… 이후로
줄이 끊긴 나의 기타는 다시 울린 적이 없다

다만 빈 거푸집의 저 기타,
수북이 쌓인 먼지라도 털어 줄까
완강하게 버티던 침묵을 베어내고
텅 비워버린 내부가 소리를 부른다
저 혼자 끓어올라 마악 터지기 직전의
핏빛 엘리지,
서쪽 창으로 붉새가 방안을 넘본다

춘향 어록
—내게는 은장도가 없었네

나를 열녀라 부르지 마오
 목숨보다 정절이 앞선 시대를 살아왔소만 사랑을 위하여 자결하진 않았소. 이몽룡을 표적 삼아 신분상승을 꿈꾸었으며 향단의 미색을 바꿔치기 해 그의 환심을 샀다면… 농이 지나치오? 서녀에 기생어멈 얼굴조차 모르는 아비가 싫었소. 한양 가는 도령의 길을 막았소. 죽자 사자 데려가 달라 매달려도 보았소. 독한 계집이라 욕하지 마오. 변학도 꼬임에 넘어가지 않았다고 안심도 마오. 어사화 낭군님 오신다는 걸 내 이미 알고 있었으니 (보여지는 것은 작고, 작고, 작소) 알아도 모르는 척, 보고도 못 본 척, 척 척 돌아 오늘을 사는

 아무도 모르는 나의 뒷얘기

3월의 동요

더 올라가면 거기가 하늘이겠어요

샛바람에 비지땀 씻으며
구례 산동 상위마을 고갯마루에 앉으니
왔던 길 자욱한
저 산수유 가지마다 꽃사태… 꽃사태
한눈 한번 못 팔고
이리도 후딱 스쳐 가나요
돌돌돌 시냇물
몇 날을 홍역에 시달리다 부신 눈
비벼대는 아이 되어 바라다본 골짜기마다
꽃사태… 꽃사태… 꽃사태…
올려다보아도
내려다보아도
몇 날 며칠 산수유 몸속까지 피어
열꽃 흐드러지게 피어
이제 더는 못 걷겠어,
하늘은 어서 오라 손짓하는데

조금만 더 올라가면 거기가 쪽빛이라구요?

모과

해수병의 아버지 모과나무를 심었습니다. 이태 만에 각혈하며 눈 감으셨다죠. 꽃이 피면 피는 대로 열매 맺으면 맺는 대로 들릴 듯 말 듯한 어머니의 탄식을 내 모르는 바 아니었습니다. 흰 꽃 분분한 샘가에서 모처럼 등이 환한 것도 그 배경 탓. 구부러지는 등은 갈수록 무덤을 닮아갑니다. ―겁나게도 많이 열릴랑갑소. 방매아짐 한마디에 어머니 펴던 허리가 주춤했지요.

가을날, 샛노란 잎을 달고도 고집스레 푸른 열매로 남고 싶은 아버지 마음 육십 촉 전구알로 빛나고 있었어요. 그것들 똑 따다가 ―으째 그리 감기가 끊이질 않냐. 나무라며 송송 썰어 켜켜로 설탕 뿌리시던 어머니. 그것도 모자라 한 소쿠리 집 안에 두라고 주셨습니다.

집에 들어서면 코끝 찡하도록 향그러운 시부모가 나를 반깁니다 썩어서 문드러질지언정.

커피, 카피, 수 다방

D.M / 고객관리 / 전산입력, 썬팅된 입구로
레지를 태운 오토맨이 끼워 넣은 스포츠신문
한귀퉁이에
"한 번 시킨 커피 온몸으로 데워드리고
두 번 시킨 커피 당신의 인생을 책임집니다"

닦아도 좀처럼 윤기 흐르지 않는 작업대
입출력 리스트 산더미로 쌓아둔 채
궂은 몸,
그야말로 옛날식 다방에 앉아
색소폰 소리 듣고 싶은 애인도 없이

먹은 종이 토해내는 팩시밀리가
울다 지친 저녁
낡아가는 키보드 마우스 함께
앞만 보고 두드려도 제자리일 때
심야영업 수 다방
누르고… 싶은……전화번호…는?

오후를 쟁기질하다

거꾸로 본 세상 누렇게 뜬다
요가원 바닥에 누웠다가 쟁기로 뻗는데
소를 몰고 가는 아버지 워낭소리 들린다
알알이 굵은 양파밭을 갈아엎고
무 배추 마늘 다 갈아엎어도
넘실대는 황금 들 차마 엎지 못했다
불을 뿜고 뱉어낸 연기 속에서
아버지 빼꼼빼꼼 다 타오른다
몇 장의 유서를 남기고 간 가을
성난 트랙터 귓가에 윙윙댄다
이렇게 우스꽝스런 체위로
내일은 무엇을 먹어야 하나
워낭소리가 상여를 끌고 솟구치는 하늘에
부러진 보습의 녹물이 흥건하다

강설기降雪記

 누구의 기척일까, 바람에 흠씬 두들겨 맞은 눈발들이 봉창을 두드린다. 초등학교 졸업반이던 그해 겨울 할머니 돌아가시고 아버진 땡볕 만나는 싸우디로 막일 가셨다. 선산을 덮던 밤나무에 눈꽃이 피자 오빠와 나는 살갗까지 파고드는 바람 마셨다. 함박눈은 등굣길에도 조합빛처럼 쌓이고 무어라 선생님은 오르간을 두드리신다. 아이들이 나간 틈을 타 쉬는 시간이면 난롯가에 쪼그리고 앉는 버릇이 생겼다. 게시판에 전시된 아버지의 얼굴이 자꾸만 멀리서 가물거리고 눈보라 박히는 창틀이 흔들거려도 겨울이 좋았다. 생솔가지 지피시던 어머니의 새벽 타는 목소리 메아리지고 허기가 돌아 더욱 추운 날 발 도옹동 구르고 나면 전에 없이 사람들이 그리워 돌아오지 않는 그 겨울 우우 쏟아지는 눈발들 보면.
 어디선가 제 무게를 견디지 못하고 툭—툭 부러지는 생목들의 비명소리

향림제재소

향림좀林―
이름에 끌려 들어선
제재소의 너른 야적장
10년, 50년, 수백 년 된 나무들
잔가지 베어내고 층층으로 누워 있다
선사시대의 원시인들처럼

바람과 짐승의 울음소리 다독이며
산산이 나부끼던 그들의 향내,
바닷속 거북등 같은 수피를 어루만진다
누군가 대패로 문지르다 만 나이테엔
수직의 눈발이 날리고
바람찬 나날의 상처가 송진으로 굳어간다

한 뼘 한 뼘 우듬지를 뻗으면
천만 리 쪽빛 하늘이 가깝고
가지들 가리키는 곳,
먼 바다로 흐르던 천년세세千年世世
톱날소리 아득한 비명 속에
뿌리들 결별하고 실려온 여기,

제재소는 나무들의 무덤이 아니다

시간의 나이테 구르고 굴러
영혼의 섬모들이 빠져나가고
이제 단단한 꿈을 꾸는가
뼈도 눈물도 없는 것들이
환생을 기다리는 제재소

아직 마르지 않은 나무와
나무의 결을 다듬고 돌아가는
인부들의 옆구리에서 확— 끼쳐오는
시원始原의 짙은 향기!

운주사 一泊

절름발이 난쟁이 째보 언청이 곰배팔이 곱사등이
옹기종기 운주사 앞에 다 모였네
황토뿐이던 산
바위를 떠메고 가는 사람들 가물거리고
아미타불, 천불천탑!
산천이 떠나가라 두들기던 망치소리
제 몸이 벼랑인 것을 안 석공은
눈이 먼저 기다리는 영혼에 닿아
마애불의 눈자위가 보이지 않네
어둠은 어둠으로 보이지 않네
밤이 깊어지면
토벌대의 추격을 피해 달아나는 부처를
지하철 공사장에서 석면에 찌든 부처를
소녀의 뱃속을 빠져나온 핏덩이 부처를
아, 밤이 깊어지면
심장에 불을 밝히고 품어 안는
와불臥佛 언저리
나는 왜 성한 육신이 부끄러운가
밟아도, 베어도
지천으로 피어나는 억새꽃들 나부낄 때도

서남의 짙푸른 하늘 깊어지고 깊어져
사라져 가는 별자리 속에서
희미하게 다가오는 빛
정과 망치를 들고 새벽으로 가는 그림자들
한사코 나아가는 저 역사를
누가 말릴 것인가
온전한 잠 이루지 못하고 중심을 일으켜 세우는
우리들 변방의 노래를

안면도에서

해안선 따라 꽃지 가는 길
연거푸 내리던 눈 멎었다
하마 백년은 되었을 적송들
몽글몽글 구름꽃 피워 올렸다
베어내면 금방이라도
내 집의 당간지주 삼아도 되겠구나
싶은 순간,
가지째 부러지며 낙하하는 눈송이가
길을 막는다

저렇듯 꼿꼿하게
한 자리를 지키며 발기한 성기들,
소금기에 쓰린 몸의 중심이 내륙으로 향할수록
망망대해 꿈꾸었으리 뿌리는

흑백영화의 필름을 돌리며
바퀴살이 허방 짚는 흔적 이윽히
내려다보며
저 나무들 무어라 할까
고지가 바로 저긴데

꽃지가 바로 저긴데

전언처럼 갈매기 한 마리 끼루룩 날자
솔숲의 고요가 파도를 부른다

공명共鳴

1
고암 선생이 감옥살 때
수감자의 이름을 일일이 물었다고 한다
번호만 부르던 철칙을 어기는 별난 노인네라
퉁을 놓았다지
하루는 이름에 한일자가 든 재소자에게
뉘 집 장남인지,
혀를 끌끌 차셨다는데
호명 받은 그 사람,
바깥의 안쓰러운 얼굴들 떠올리며
밤을 꼬박 새웠더란다

2
거창읍 정작리 오부자 공방은
매를 맞으며 깊고 그윽해지는
소리의 진원지다
십 리 밖에서도 사람의 걸음을
멎게 하는 일은
一生을 걸어야만 가능한 것인가
바닥을 흐르다가 다시 차오르는

낙차 폭포수로,
황소울음으로
쇠가 징으로 새 이름을 얻는다

3
길가에 널브러진 하찮은 풀이라도
고마리야, 여뀌, 강아지풀아 부를 때면
그것들 화안하게 흔들어 대는데
갖가지 암호에 갇혀 피어날 줄 모르는
너와 나 사이에 이름은
어디 있으랴
우리들 관계라는 것도
하나의 파동일 것인데
저 군상* 속의 일필휘지一筆揮之,
내리치는 힘에
정물의 귀가 번쩍 트인다

*고암 이응로 화백의 그림, 〈군상〉 시리즈.

도라지타령

 너도 인자는 한 곳에 뿌리내릴 때도 되얏제 참헌 샥시 하나 데려오먼 원이 없겄어 막말루다 인물이 못났냐 학력이 딸리냐 고놈의 연극인지 머시깽인지 연출헌다고 밤낮으로 쏘다닝께 정처 없는겨 아래께 니 동창 성근이를 만났는디 갸가 지 키만헌 아들을 둘씩이나 데꼬 다니드라고 테레비 나오구 신문에 나온다고 출세가 아녀 남의 자식도 고로코롬 오진디 낯살이나 먹은 자석 배곯고 한뎃잠 자는 것을 봐야 쓰냐 낼 아침에 돌고개밭에 같이 가야겄다 차루다 씨잉 허니 갔다오먼 금방인디 걷다가 한나절 다리품이 뭣이다냐 한 바구리만 더 뽑아 폴아야겄다 고것들 죄다 필 적이는 근심도 잠시 놓아둔당께 에미 말 듣는겨? 폴세 자는겨?

 숫돌에 칼을 갈아와야 쓸라나 옮겨 심은 돌가지는 잔뿌리가 많아 껍질을 벗길래두 애간장이 녹는구먼

2부

혀

헐레벌떡
아침을 밀고 가느라
뒤돌아볼 틈조차 없었나 보다
신발이 이끄는 대로 걷다가
아니다 싶을 땐
술에 취해
꼬이기도 여러 번

옷장 옆
꾹 다문 서랍장 사이로
어쩌자고 축! 늘어진
해진 양말 한 짝

동쪽으로 걷다

송곳 하나 결막을 찌르고 간 자리
따끔거린다
산립종이라고 해요,
싸락눈 같은 멍울이 생겨서 붙은 병명인데
다래끼하곤 좀 다르죠
한쪽 눈에 안대를 하고 나선다
절개한 뒤에 피 흘리는 곳은 눈인데
자꾸만 다리가 절뚝거린다
반소경의 몸짓 힐끔, 치어다볼 뿐
회전목마를 탄 듯
바람을 가르며 도는 흑백의
인파人波 속으로
사뿐 걸어오는 한쪽 눈의 사내,
가만 보니 호생관, 애꾸눈 최북* 아니신가

백마교 다리 위에 버들꽃도 지는**
하, 봄날에
채찍을 들어 어디로 가시려나
눈 오는 날 취해 성곽 모서리에서 죽었다던
풍설야귀인風雪夜歸人***의 참주인

허나, 나는 서른의 나이에 삶이 조루하다
난분분 지는 꽃 그림자
자본에 구걸하고 속도에 밀린다
고관대작의 命을 일거에 거부하고
스스로 눈을 찌르는 모험도 않는다
시간을 실은 화차는 특급으로 달리고
나는 간다,
마음의 눈을 뜨려고
기꺼이 어둠에게 자리를 내준
하, 봄날에
절퍽질퍽

* 조선후기 진경산수화의 대가. 중인 신분으로 시서화에 능했다.
** 시 「야유랑(冶遊郞)」을 변용함.
*** 최북의 그림.

기린 울음

기린 울음소리를 들은 적이 있는가

동물의 왕국에서
큰 나무 잎새를 말아 넣는 기린이
어딘가 기형적으로 보이는 것은
한 번도 그 울음소리를
들은 적이 없기 때문이다

함부로 토해내지 못한 말들이
차곡차곡 쌓여
길어졌을
목

'기린' 하고 부르는 혀끝이
자꾸만 안으로 치닫는 것은
방목할 수 없는 그리움이
내 안에도
똬리를 틀고 있기 때문이다

오늘도 석양의 지평선에서

음머— 하고 터뜨리고 싶은
그 소리의 가없음으로

타는 노을

천잠天蠶

떡갈나무 아래 잠이 들었네
저녁 먹고 평상에 누우면 할머니 옛이야기 따라
흘러가는 물소리

마한시대 얘기란다
무남독녀 공주를 둔 왕이 있었니라 이웃나라와 싸움이 일어났는데 전세가 불리한 거라 그래, 누구든 적장의 목을 베어오면 공주를 주겠노라 약조를 했지 이 말을 들은 군사들 사기가 올라 싸움에서 승리를 하였다마는, 적장의 목을 베어온 것은 사람이 아닌 말이었니라 공주는 약속대로 말을 남편으로 섬긴다 하였으나 왕은 탐탁치않아 했니라 말을 죽이고 가죽을 벗겨 버렸어 공주는 날마다 말가죽을 만지며 슬퍼했는데, 하루는 그 말가죽이 공주를 감싸 어딘가로 날아갔다는 거야 이듬해 산골 어느 나뭇가지에 말가죽이 발견되었다는데 그 속에 벌레 한 마리, 이상케도 그 입은 말을 닮았고 몸은 공주의 살결을 닮은 거야 이 소식을 들은 왕이 명령을 내려 온 나라에 퍼지게 했다는 그 누에가 고치를 짓는 것은, 공주의 뛰어난 자수솜씨를 본받았기 때문이라지 아마,

성긴 별들 사이로 아버지 돌아오시고
한 뼘 누에가 밤새 소낙비를 퍼붓는 줄도 모르고
누군가의 손에 들려 바닥에 눕던 날
겹겹의 채반 위에서 봄가을이 갔네
고치 속의 할머니 돌아올 줄 모르고
비단금침 속에 누워 나, 오래된 꿈 꾸어 보네
이명처럼 들리는 말울음 소리,
날이 갈수록 깊은 골은 패이고

달빛 밟기

바람이나 쐬겠다고 잠깐 나선 저녁
한낮을 바스락대던 나뭇잎 속에서
쓰르라미 한 마리가 귀를 당긴다
너른 길이 끝나는 약수터를 지나
몇 개의 무덤을 지나
구부러진 산의 내장 환히 열어 놓고
무연한 달,
저 혼자 물이 올라 있다
휘모리로 감기는 바람 데불고
소나무 사이로 걸어 나갈 때 그래,
저 달과 통정한들 죄 되랴 싶은 것이지
거추장스런 외투 벗어 허리에 묶고
부드러운 능선을 타는 것이지
나무와 나무 사이 거미줄에 엉기면서
도토리 한 알에도 미끄러지면서
우거진 터널 헤치고 오르고 올라
꼭대기에서 숨이 딱! 멎는 것이지
혈관이 터지도록 조여드는 달의 감촉
신열을 앓듯 젖은 옷자락 끌고
내리막길에 이르렀다

바람이나 쐬겠다고 잠깐 나선 저녁
쓰르라미 울음소리 멎지 않던 저녁
내 무한의 발자국 소리 들으며

첫눈 오는 날

꼿꼿한 지팡이의 부축을 받으며
백발 성성한 노파가 오른다
좌석에 엉덩이가 닿는 걸 보고
멈췄던 버스가 커브길을 돈다
다홍색 두루마기 섶을 여미며
뒷자리 앉은 내게 묻는다
그람시야 갈려면 멀었느냐고

뉘 집 혼사에 하객으로 가시는가
그랑시아 웨딩홀은
다음, 다음, 다음
순수라는 말의 이태리어가
그랑시아 그람시야 '그' 라면서야
뜻하지 않게 와전되어
가슴이 뛸 수도 있는 것인가

어쩌면 저 노구를 거느리고
가장 빛났을 한때의 그를
만나러 가는 길은 아닐까
짧은 순간에도 수없이

옷매무새를 다듬던 노파가
말줄임표를 찍으며 나아가던 창밖에
늦깎이 첫눈이 온다

살리에리*를 위하여

 밤, 한 사내의 짙은 그림자가 떠도네. 레퀴엠을 들으며 당신을 생각하다니 이런 아이러니가 또 있겠어 (회유라든가 독살이라는 말 함부로 지껄이는 게 아니지 메스를 들이댄 당신들 복수하고 말 거야 미치고야 말 거야) 이글이글 타는 그대 눈과 마주치는 일은 경계를 넘은 꿈, 그 너머의 이야기

 운명에 저항할 수 없다는 그대의 말은 수정되어야 하네 유폐된 창을 활짝 열어놓아 두게 바깥 세상에 해답이 있네
 응혈진 말들이 바람소리를 타고 흐르면 한 사람을 향한 그대의 적개심도 아름답겠네

 자정이 넘도록 한 자리에 앉아 용접불꽃 태우는 창밖의 사내, 그 어깨 위로 교교하게 부서져 내리는 달빛. 외투를 여미고 저린 다리를 주무르던 잠깐의 휴식이 있을 뿐이네
 희부윰한 새벽 창에 입김을 모으네 그 그림자 간 곳 없네

해토머리 밟고 어질어질 봄이 오네

* Antonio Salieri(1750~1825, 오스트리아) 빈궁정 극장의 지휘자와 작곡가로 일했으며 모차르트의 그늘에 가리워진 음악가로 더 알려져 있다. 그가 모차르트를 독살했다는 이야기도 있지만 사실이 아니다.

우표 한 장의 그리움

불빛을 나누어 쓴 가로수들이
벚꽃보다 화사한 밤
어찌나 많은 눈발 퍼붓는지요
우산을 펼쳐든 채
오 분도 안 되는 거리를 걷는데요
함박눈이 닿을 때마다
바삭바삭 크래커 씹는 소리로 우산은
배부른 나의 지붕이 되어서 흔들거리고요
발자국 콕콕 찍어 문구점 가는 길
우표는 몇 장이나 남아 있을까
―언 수도를 두 번이나 갈았지 뭐냐
인제 원통에 산다는
직업군인의 아내가 된 친구 목소리는
전방에서 더욱 씩씩했는데요
문구점을 뒤로 하고도
무심히 지나쳐버린 건
내 사는 집만이 아니더군요
란, 희, 강, 수…
기억을 털어내며 우산살 접으니
먹다 만 추억의 부스러기들

바닥에 가득합니다
돌아보면 하염없는 눈발 속
금시에 지워져버릴 소인이
가지런히 찍혀져 있는 거지요

쪽잠

무더위가 차암, 길기도 하지
연신 부채를 부쳐댄다, 자판기 커피를 꺼낸다,
의자에 앉아 삼삼오오 담배를 피운다

24시간 기사식당 앞은
여느 때와 다를 바 하나 없었지만
몇 발짝 지나 후미진 길에서 보네
멈춘 뒤에야 뒷날개를 활짝 편 택시
아들놈보다 웃자란 고리대금 이자 카드빚
사납금에 각종 고지서,
가는 길마다 브레이크 걸리는 것들
저 건너 초승달 부리에나 걸쳐두고
쉬이 깨어날 것 같지 않은 사내
다리 구부리고

차암, 맛있게도 주무시는군

석봉이 아재의 꽃밭

 왜 석봉이 아재는 무덤을 달고 살았는가 몰라

 장가도 안 가고 총각귀신 되어버린 석봉이 아재는 어린 내가 꼽추 꼽추 놀려도 웃기만 하던 석봉이 아재는 더는 서울에도 안 가고 어디에도 안 가고 무당할매 곁을 떠나 너댓 평 점방에서 목을 맸나 몰라
 어쩌다 새참 막걸리 심부름 가는 날이면 자기 몸의 절반쯤 되는 물뿌리개로 힘겹게 물을 주고 있었던 건데 채송화가 활짝, 물봉선이 토독, 씨방을 터뜨리고 있었던 건데 성큼성큼 하늘로 뻗어 가는 손 먼발치서 석봉이 아재 하고 부르면 목소리만 듣고도 아이구, 우리 영심이 왔네 꽃처럼 웃던 석봉이 아재는

 생전에 못 가본 마실이라도 간 걸까
 애기메꽃 일제히 기상나팔을 불어제낀다

옛사랑
―근황

마지막 만남조차 기억에 없던 사람
웃고 서 있네
보다 만 조간신문 한켠
부스스한 머리칼 쓸어 올리며
한동안 잊었던 그대
이렇게 만나는구나

독한 소주 거푸 마셔 흐느적이던
치기어린 밤들 가로등 출렁이는
강물 깊이로
시위 끝난 거리의 유인물처럼
구겨진 얼굴 위로나 싸아 번져오는
한 점 그리움의 무게로

―행여 그 속에 있을 나라는 존재
한 손에 쥐고 책방을 나선다
소설을 쓰리라 생각했는데 시를 쓰는구나
방황의 긴 터널을 용케도 빠져나와
가정도 꾸리고 사는구나 이젠

내 기억 속에 안 잊히는 것들
잊지 않고

간디학교 사모님

 산청으로 시집간 후배가 있다 잊었다 싶으면 전화 벨로 앞세워오는 그 번호를 따놓은 게 한두 번이 아니다 적어놓고 돌아서면 어디 뒀더라 이름도 안 적어 놨으니 이게 누구 번호였더라 도통 생각도 없다가 무심코 울리는 수화기를 잠재우러 달려오면 언니 별빛이 차암 좋다니까 온다구 해놓구선 왜…? 무슨 물꼬가 그리 트였는지 나도 딴엔 걱정이 되어 몇 푼 안되는 선생님 봉급이 전화비로 탕진될까 툭 끊었는데 아뿔싸, 눌러야 할 번호가 없네 벨소리도 더는 들리지 않고

 이슬 젖은 풀밭에 누워 세상의 속도 놓아버리고 이젠 도시가 낯설다는데 왜 아니겠니 네가 외송리 아이들과 저건 북두칠성, 저건 오리온자리 가리키고 있을 때 나는 깜빡이는 커서로 숨이 막히는데 네가 종종 브레이크라도 걸어주지 않으면 과열된 몸체로 어딜 가겠니 낡은 미싱을 수리해 옷 만드는 재미 솔찮타는 말이 훈풍으로 나부끼는 밤 한 사람의 실을 잣는 물레 속으로 들어갔다 나왔다 겹벚꽃만 무수히 흩날리는 밤 너는,

텔레비전

행당1동 재개발지구 월세 5만 원에 세 들어 살던
작고 초라한 자취방
책상과 의자와 계절에 관계없이 걸치던 낡은 잠바와
누우면 머리와 다리가 벽에 부딪던 평 반 남짓한
그곳에
눈에 익은 엑스트라처럼 낯설지 않은
중고 TV 하나 들여 놓았지요 당신은
인천 숙부님이 새 TV를 장만하셨다고
그래도 성능 하난 기가 막히다고 자랑했지요
세상에, 밀린 전동차 안에서 14인치 칼라TV 보듬고
사람 밀림 속 헤치고 나왔을 땀투성이 당신 떠올리며
픽, 웃고 말았지만

전라선 열차를 타고 발령받아 내려온
79년형 삼성전자 TV
두 아이들 장난감 널브러진 안방에
구시대 유품처럼 모셔놓은
그때 그 TV라니?

빈 담배가게 앞

이제도 집은 돌아오지 않는
주인을 기다리는가
개나리 흐드러진 울밑,
여기저기 버려진 꽁초에 덧칠하고 사람들
버스에 올랐겠지
덕지덕지 파리똥 나앉은 간판, 팔절지만 한 얼굴이
오래 전 담배가게였음을.
위로 군부대 유격장이 들어서고
잦은 포성으로 휘청거리던 발길,
시오리 아랫마을로부터 댐 공사가 시작된다 하니
보상금 몇 푼으로도 바람난 여편네처럼
고향을 떴을 게다.
너덜해진 문짝이 떨어져 나가고
뼈대만 덩그러니 남아 있는 집.
건너편 외양간에서는
대나무가 빼꼼 얼굴을 내밀고
지나는 행인을 바라다 볼 뿐
잘근잘근 여물을 씹던 황소의 되새김소리는
이제 환청이다.
땅심이나 돋으며 갈아엎어질 자운영 꽃밭

다 버려두고
광주 서울 봉천, 신월, 상계…
그네들 다 내보낸 담배가게에
담배는 없고
필터까지 타오르는 추억만 살아
모락모락 앞 내를 건너는 것이다.

선암사에서

지독한 안개 속이다
송선교昇仙橋에서 불과 몇 발짝 강선루降仙樓가 보일 듯 말 듯한
이런 날은 괜스레 조급해지고 허방 짚는 발,
내딛는 걸음걸음 통증이다
뒤돌아보면 천 길 낭떠러지로 곤두박질치는
단풍잎, 핏빛 젖은 눈물로 누가 우느냐 우느냐?!
장삼을 걷고 맨발로 맞을 비로자나불이라도 있었으면
기어오르듯 당도한 대웅전 뜨락,
희부윰한 정적을 뚫고 달려오는 목탁소리
떨어지는 활엽의 잎사귀들이 소나무 등걸에 내려앉는다
그 많은 발걸음에도 지나쳤을 뿐
여기에 이토록 오래된 와송臥松, 있기는 있었던가

뒤꼍 산수유가 물꼬를 트면 연이어 터져
밀물지듯 조계산을 덮어버리는 홍매화, 복숭아, 살구
이름만 들어도 혀끝 시어오던 봄날 아뜩해지고

오늘처럼 시월의 끄트머리에서 남하하는 단풍이나 따라나서던
 내 애욕愛慾의 빗나간 사랑 늘 그랬다 오르려고만 했다
 석조에 담기는 물살 들이키고 다시 다가가 보니
 안개가 따뜻하게 그 주위를 감싸고 돈다
 사람의 목소리가 저 아래에서 들려온다
 안개 속을 유유히 흐르는 물이고 바람이고 새이던 것을 기억하는 나무,
 한사코 젖은 땅에 귀 기울이는 우듬지

 내 등을 밀어내고 있었다

군내버스를 탔다

남는 것이 시간뿐이라는 듯
길이란 길 죄다 열어 보이며 탈탈거린다
씹다 만 껌 둥글게 말아 붙여진 손잡이 아래
갈치 포리약 크라목손이
삐뚤빼뚤 춤을 춘다
눈 감아도 보이는 길
운전석의 사내는 유니폼에
훈장처럼 작대기 세 개를 달고
시나브로 길 위에서 늙는 중이다
드들강 지나 세지, 다도,
봉황삼거리 지날 때에는
흐드러진 국화향에 콧노래가 들렸던가
쌈짓돈 아끼느라 거짓부렁 차비 내는
어르신만 아니면 실갱이 할 일
무에 있겠느냔다
가르릉거리며 서 있는 버스
당산나무를 지나 헐레벌떡 오르는
몸베 깊은 주머니 속에서 나온
동전 몇 닢 받아먹고 또 힘이 난다
이 길로만 배꽃 피는 봄이 오고

여름이 가고
이 길로만 겨울이 왔을 것이다
바빠도 곧장 가는 법 없이
아파도 한 번 쉬는 법 없이
시간 반 거리를
한나절을 돌아가는 군내버스라니
투덜대던 나를 훌쩍,
내려놓고
바람은 제 몸 태워 노을로 지고
어느 틈에 버스는
산모퉁이 길을 돌아나간다

3부

광장에 아침햇살이 떨어지기 전에
―빛고을 시편

광주항쟁 26주기,
부활제 행사를 마치고 돌아간다
옛 도청 회의실 2층
한때의 인파들 썰물처럼 빠져나가고
밀려드는 것이 허기 뿐이랴
저항할수록 사살射殺 되어지는,
소리 소문 없는 도시의
불을 뿜는 탄환의 거리
맹물에 주먹밥 밀어 넣으며 끝끝내
살아서 돌아가리라,
돌아가리라던 상원이 형도
아득히 바라보았을
분수대를 지나고 광장을 지나고
다시 살아 있다면 그래, 아직은
숨이 끊어지기 직전이니까
쿵쿵 군홧발을 찍으며
새벽이 오기 전에
저 너른 광장에 아침햇살이
떨어지기 전에

화려한 분출*
—빛고을 시편

 입구는 있으나 출구 없는 방房.
 온몸의 무게를 밧줄에 실어 제 몸을 벽에 짓찧는 여자.
 고통의 포즈도 없이 쿵, 쿵,
 조리개를 뚫고 오는 빛들의 잠입潛入.
 내 귀의 아가리를 뚫고 들어오는 거부할 수 없는 쿵, 쿵, 쿵,
 두 손을 쫙 펴고 귀를 막자 쿵, 쿵, 쿵, 쿵,
 내가 들어갔는지 벽이 들어왔는지 내 머리 어깨 무릎 폐부 깊숙이 박혀오는 고통을 살리시려거든 하느님, 새 동아줄을 내려 주시고 죽이시려거든……
 그때 꽈당, 들어서는 한 사내의 상여소리 어화,
 넘자 어화,
 출구는 있으나 입구 없는 방房.

* Outburst-Eciat(video. 광주비엔날레 2002)
베로니크 부디에(프랑스)는 비디오 설치 작업을 할 때마다 매번 서로 다른 실험적인 재료를 사용한다. 자신의 작업을 "빛을 발하며 구조적으로 폭발하는 것"이라고 정의하는 작가는 비디오 특성이 인간의 현실과 가장 근접한 움직임과 정서적 감각들의 결합이라는 점에서 비디오를 자신에게 필연적인 표현매체로 간주한다. 〈파열〉은 벽면에 영상을 강력한 음향을 배경으로 격동하는 작가의 신체 이미

지는 다른 고정된 사진 이미지들과 강력히 대조되는 까닭에 몰입한 관람자로 하여
금 능동적인 정서반응을 할 수 있도록 유도한다.

마음의 간이역
―빛고을 시편

그새 많은 시간 흘렀습니다
눈만 뜨면 빠르게 스쳐가는 속도를 놓아버리고
오늘은 광천동 옛 자리로 돌아가
순결한 눈빛들 마주하고 싶은데
굉음소리를 내며 시간의 화차는
초고속으로 숨가쁘게 내달립니다
들불을 놓던 자리,
올해도 어김없이 풍년이라는데
말 걸어도 오지 않는 빛나는 이름
박관현 김영철 박기순 박효선
자꾸만 비뚤어지는 나를 허방 짚는 나를
곧추세우는 사람 불 밝혀주는 사람
죽어 산 자들의 입*이 된 사람
언니라고 부르면 안 되나
기순이 언니라고 부르면 안 되나
관현이 오빠 영철이 오빠 효선이 오빠 그렇게
부르고 부르다 보면 열사라는 먼 이름보다
피붙이 같애 동기간 같애
꿈인 것도 생시인 것도 같애
날개를 달고 날아간 넋들이

도란도란 이야기꽃을 피우고 있을 것만 같애
한가위도 훌쩍 지난 망월역
한 무리 칸나꽃이 뜨겁습니다

* 이영진 시인의 시 「무덤은 큰 입이다」에서 인용.

김진덕 여사의 오월
―빛고을 시편

녹동에서 반나절 광주에 가 닿으면
망월동에서 또 반나절
네 이름 석 자 쓰다듬으러 왔다

아무도 주검을 못 보았으니
제대로 죽지도 못헌 내 새끼

네 아부진 또 멀찍이 서서
저렇듯 속울음만 삼키는구나
뒷짐 지고 모르는 척 고개 돌려도
가슴에 눈물이 그렁그렁 해

시신 없는 무덤이 무슨 소용이냐
남들은 뒤에서 수군댄다만
구천을 떠도는 너의 혼이기에
자석처럼 쓸려오는 에미의 마음

열아홉 너를 만나고 가는 날은
하루해가 짧아
쓸쓸히 저물어 돌아가는 것을

어디에 누워서 꿈을 꾸는 거냐
옥환아,

석류꽃이 필 때
―빛고을 시편

유월의 담장마다 껑충껑충
나무들 뜀뛰기하는 것 보면
발걸음 멎는다 나도 모르게
한 나무 아래 선다

높은 곳에 맺은 열매일수록
따는 일 힘들었을까 올려다보면
깡마른 것들 한두 개쯤
매어 달고
적도의 끝, 화르르
화염火焰이 인다

저 혼자 열매 맺는 것
어디 있으랴
겨드랑이께 돋는 소름도
간질이는 벌나비 떼
바람도 없이
컥,
컥,
객혈하는 꽃잎들 보면

미동도 없는 내가 다 달아올라

한낮이면 외출도 삼갈 일이다

사슴 사내

아무도 들어가 보지 못했네
사슴의 눈
깊은 눈

16mm 영화 속에서 그를 만났네
후끈 달아오른 아스팔트를 맨발로 걷는 그는
두 손을 뒤로 깍지 끼었네 속옷만 간신히 걸친 채
저항도 없이 엎드려서
먼산바라기 하고 있었네

이명의 군홧발들 총부리들 대검들 뎅겅뎅겅 목 부러진 꽃들
그 비명으로 넘쳐흐르던 광주천이여!
굴비 두름처럼 끌려간 친구 대신, 아비 대신
금방이라도 후려칠 듯한 곤봉의 사내 대신
어느 절정의 노래가
빙의*의 몸으로 돌아왔구나

―지난 세월이 서럽고,
남은 시간이 안타깝지라**

감긴 추억은 덫을 만들고
아물 수 없는 상흔을 간직한 채로
그 사내, 맑은 눈빛
어디에도 없는 그 사내

* 죽은 사람의 영혼이 살아있는 다른 사람의 몸속으로 들어가는 것.
** 광주항쟁 당시 대학생으로 무고하게 끌려갔던 그는 훗날 매스컴의 인터뷰도 완강히 거절했다. 전화상으로 들리는 건 모친의 목소리 뿐.

웃음소리

 햇볕 쨍쨍한 날 오치한전 앞 굴다리를 지나면 챙이 넓은 모자를 눌러쓴 아낙 뻥—이요! 한마디에 너도 나도 귀를 막고 지나치곤 했었지 묵은쌀 한 됫박 퍼서 갖다 주면 금세 부풀어 오른 튀밥이 뜨끈뜨끈했다 되로 주고 말로 받아가는 사람들에게 이문이란 부질없는 것이었을까 나이보다 주름진 콧잔등에 땀방울, 눈물 같았지

 행여 밀린 전기세라도 내고 오는 길이면 바람 때문인지 우산을 쓰고도 후줄근한 발길이 잠깐 멎은 자리, 접이식 의자에 앉아 꾸벅꾸벅 졸던 아낙이 맑은 날 풍경처럼 앉아 있곤 했었지

 궂으면 도져오는 신경통 요통 삔 데 멍든 데 신신파스처럼 스며들던 자잘한 웃음 들이밀면 그녀는 감미료를 넣어 손잡이를 돌릴 테지 그러면 뻥! 하고 부풀어 오를, 웃음은 그녀가 주는 내 선물 톡, 토독 플라타너스 목피 사이로 빗방울 무작정 퉁겨 오를까

총알과 개미

땅바닥에 총알 하나, 총알 둘
뙤약볕 받으며 총알 주우러 나갔지요
연두색 총알 분홍색 총알 흰 총알
총알 참 많아요
아들내미 손에 이끌려
정거장까지 나갔다 오는 길
잔디밭에도,
자동차 밑에도
총알만 생각하고 걷는데 녀석 참,
핏대를 세우며 날 불렀지요
—엄마, 찬찬히 보고 가요
밟으면 죽어, 밟으면 죽어, 개미 죽잖아!

오치동 할미꽃

 칠순 넘은 우리 동네 부식가게 할마씨는 명절 뒤끝 빼고는 하루도 문을 닫은 적이 없다니까 씨감자처럼 쪼글쪼글해도 거스름돈 챙길 때 보면 글자보다 그림에 먼저 가는 눈 총총 빛나는 별이라니까
 어제는 지갑에 달랑 남은 만 원짜리를 할마씨한테 주고는 무 두 개와 돈나물 천 원어치를 샀는데 거스름돈을 받은 기억이 없는 거라 나 원, 이거 말을 해야 되나 말아야 되나 망설이고 망설이다 다시 간 거라
 저기 저… 제가 거스름돈을 안 받고 갔지 뭐예요
 그리야? 입때껏 그란 일이 없는디 워디 딴디 안 들려갔나 생각히 보소
 곧장 집으로 간 걸요 그래, 일부러 아까 그 옷 그대로 입고 온 걸요 주머니에도 없고 지갑에도 없고
 워마, 내가 나이를 먹나? 생전에 그란 일이 없는디
 전대에서 꼬깃꼬깃한 천 원짜리를 건네받고 오는 발걸음이 가벼울 수만은 없는 거라.
 화장을 지우다 열쇠꾸러미 무심코 집어넣는데 서랍에서 불쑥 튀어나오는 분명, 여덟 장의 지폐
 실없이 웃음이나 흘리며 은행에 들러 박하사탕이랑 전병이랑 비타민제랑 봉지째 들이미는데 그 할마

씨 애들 멕이라고 한사코 받지 않는 걸 길바닥에 그냥 두고 왔다니까 돌아서 오는데 무담시 눈물이 다 나는 거라
 무얼 보고 나를 그리 믿어줬을까 그 할마씨

고추모를 심던 날

지난 달 하우스에 옮겨 심은 모종이
오늘 와 보니 제법 파랗습니다
―그 작은 모종 하나가 백 원이란다
하나 흘리지 말고 꼭꼭 심어 둬라
그래야 가실에 느그들도 갖다 묵제
머리가 희어진 어머니가
씨앗도 채 떨구지 않은 어린 고추모에
물을 주며 하신 말씀이 어제 일만 같은데
이제 이것들이 땡볕을 받으며
밭으로 옮겨져야 할 때인가요
모처럼 집에 오는 날 비가 내리면
그때마다 어머닌
―너 쉬라고 그런갑다
이 홀에미는 징허게 복도 많어야
우스갯소리로 한 그 말씀 떠나오는 차 안에서 생각나
이따금 가슴이 저렸었는데
정작 비가 와 주었으면 하고 바라는 오늘도
쨍쨍합니다
시들해진 고추모가 도저히 살아날 것 같지 않아

걱정입니다
요 며칠 계속 가물었는데
서른 마지기 농사를 혼자 지으시는 어머니
내가 가고 난 저물녘에도
물 가득한 조로를 들고
늘상 걷는 그 걸음으로
고추밭을 나서겠지요

탈곡

 숫제 무릎까지 푹푹 빠져 볏단 하나 두렁에 옮기는 것도 힘에 부쳤다. 수렁에서 여물던 나락들 쓰러져 거두지 못할 푸른 싹 돋는 자리를 지나 철벅철벅. 지난여름 폭풍 끝에 매달려 나, 여기까지 왔다는 듯 이지러진 포기마다 뒤틀린 흔적. 콤바인도 어쩌지 못하겠는지 서둘러 등을 보이며 빠져나가고 활처럼 휘어버린 어머니의 낫질만 애타했을 포기들. 비틀고 쥐어짠 젖가슴도 쭈글텅해져 환갑도 지난 농사일인데 어느 들에나 서면 옷소매 걷어붙이는 것도 이력인지 저물도록 탈곡기 멈출 줄 모르고 현기증 난 컨베이어 잘도 돌았다.

 까슬해진 목젖이 축축이 젖는 동안 마른 풀잎에도 땀방울만 한 이슬이 내렸다. 전신주에 매달려 동구를 밝히던 불빛, 경운기 한 대가 농로를 타고 왔다. 온 동네 한 바퀴 돌아서 왔던 길 되밟으며 산 하나 집으로 가고 있었다.

 새참 때 마신 막걸리의 취기가 확, 올랐는지 발걸

음조차 휘청휘청 논둑길을 걷는 어머니 한 쪽 가슴이 휑한 게 오늘은 하현달이다.

김상회 선생님

갈래머리 순임이 앞에 태우고
선생님 날 부르시었네
나갈까도 생각했는데
마루에 달구똥이 하도 많았네

어머닌 타작하다 말고 참 내러 오시고
때마침 인사를 나누셨는데
살강에 두었던 홍시라도 내올랑가
부엌으로 갔다 나오던 사이
선생님 마루에 철퍼덕, 걸터앉았네
엉덩짝 넙죽 달구똥 짓이겨져 어머닌
보기에도 민망했던지
―워쩐다요 바지가 다 배래부러서
고개를 수그릴 때마다
잘 여문 나락 한두 알
토방으로 톡톡 떨어지기도 하는데
창호지에 구멍 뚫어놓고 한참이 지나도
나, 나가지 않았네

　―글안해도 바지 더롸 빨락했는디

하나토 안 아깝구만요
선생님은 웃으며 자전거의 페달을 밟았네

끊어진 기타줄에 대하여

자명종 시계 눌러놓고 그가 스르르 방문을 여네
담배 생각이 나는 게지
스르르 잠 쏟아져 눈감았는데
한참이 지나도 오지를 않네
그는 오지 않고 잠결에 기타소리만
가운데 줄이 하나 끊어져버렸나
고르지 않네
제대하고 두 달 꼬박 막일해서 장만했다는
클래식 기타
이사할 때마다 장롱 위에, 골방 한구석에
천덕꾸러기처럼 먼지나 뒤집어쓰던

사랑이여,
지상의 음지에서만 헤매다 돌아올
이제 막 출근한 주인을 위해
곽 속에서 내내 침묵하고 있을…
아, 새삼 만져지네
여기저기 흠집만 남고 색도 이젠 너무 바랬네
한 번도 제대로 보지 못했네

그대에게 나,
기대일 언덕도 되지 못하고
튕겨도 허전하기만 한
튕겨도 소리 나지 않는 기타줄 같았는지

그녀와 나 사이에 끝없는 강물 흐르네

 마음이 앞서 걸으니 넘어지기만 한다 굽이 높은 신을 신는 저 여자는 고집이 세다 뻣센 머리칼 묶어줄 사람도 없는데 치렁치렁 늘어뜨리고. 온전한 것이 어디 있으리 형체만 갖춘 한쪽 팔다리. 그녀가 할 수 있는 유일한 말은 바아압, 바압, 밥. 밥상 앞에 두고 마주앉아 처음 밥을 먹을 때도 절반을 침으로 질질 흘리던 여자. 꾸역꾸역 밥을 넣고 푸세식 변기통에 아무도 모를 토사물들을 뱉어내고 나 개운했다 말할 수 있나? 꾸물꾸물 구더기가 기어올랐다

 그녀의 매운 손이 툭 쳐대면 섬뜩하게 자지러지며 내뱉는다 말로 하라구! 앞서거니 뒤서거니 우리는 예정대로 꽃구경 간다 저렇게 호화로운 분묘가 영산홍 꽃들로 다 타올라. 그녀는 중얼대는 내 말을 들은 체 만 체 산 쪽으로 뻗어갈 뿐이다 밥 때가 되어도 돌아오지 않는 그녀 찾아간다 그녀는 늪지를 지나고 언덕을 넘어 쉬고 있었다 넘어지고 일어서기를 반복했는지 옷자락에 마른 흙투성이다 그만 집으로 가요 배도 안 고파요 다리가 퉁퉁 부었잖아요! 몇 번의 실랑이 끝에 그녀가 내 손목에 잡혀 일어났다 앉은 자

리, 길섶의 풀들이 기지개를 켠다

 쑥스러운가, 상추쌈 한 입 건네니 그녀는 손으로 받아 입에 넣는다 그녀는 주는 것에 익숙하지만 나는 받는 것에 더 익숙하다 각본에 없는 동작을 어거지로 할 때면 관중이 먼저 간파하는지 혼자 먹게 두어라 어머니 멀리서 만류하신다 걱정 마세요 어머니, 한쪽 팔을 못 쓰는 게 대수예요 나는 말짱한 반편이어요 내 연기력은 끝내 준다구요 자 보세요 그녀 한 숟갈 나 한 숟갈. 이만하면 완벽한 연기잖아요?

참치를 찾아서

참치를 잡으러 수퍼에 간다
단돈 천 원이면 질리도록 먹을 수 있는 참치
비린내가 나지 않아
아이들이 더욱 좋아하는 참치
장바구니 가득 싣고 돌아와 저녁을 먹고 나면
포만감에 젖어든 우리는
세일가격에 겹겹이 쌓아둔 참치를 본다
하나아, 두울, 세엣
하나, 둘……
아무리 세어보려 해도 도망가는 참치들
갈수록 그물을 촘촘하게 짜 놓아도
잡히지 않는다

우리들 살갗이 투명한 유리라면,
비닐이라면 선명하게 비칠 것이다
방부제 가득한
푸른 바다

4부

노원마을 공중변소

새벽잠 깨어나면
옷 껴입고 갔다 와야 시작되는 하루
출근카드에 도장을 찍듯
한 덩이 누고 나면 가뿐해질까
돌돌 말린 화장지에 밑금을 닦고 있으면
똑똑 노크소리
후다닥, 뛰쳐나오다 눈 마주치면
민망하여라
모락모락 김이 피어오르는 그 위에
무시로 쌓일
똥탑

노원마을, 빨래

집주인 다 내보낸 마당이나
골목어귀
햇볕 잘 드는 곳이면
색색의 빨래, 저희끼리 나란나란
무슨 이야기가 그리 많은지
바람이 불 때마다
가벼워진 깃으로 훨훨
날아도 본다지만
앙다문 집게의 이빨이
꽉 물고 놓아주지 않는 한낮,
이제 막 표백을 마친 기저귀들 올라온다
포올폴 날리는 후리지아 향을
공터의 해바라기가 후욱 들이킨다
문도 잠그지 않고 나서는 새댁을
바장이며 따라나선
똥개 한 마리,
다리 난간에서 되돌아오는 적요 속
등허리가 축축허네 고생 많았제?
런닝구를 쓰다듬는 외투의 어깨,
발냄새에 주눅든 양말은 고슬고슬하다

산후조리도 못하고
교대근무 가는 며늘아기
작업복을 쓸어주는
노모의 스웨터에 초가을이 꽂힌다

노원마을 민들레

 창동역에서 마을버스를 타고 의정부 못미쳐 좌회전. 용한약국, 똘똘이수퍼 지나 문턱 낮은 집으로 걸어간다 이태째 수마가 휩쓸고 간 자리 빛바랜 세간살이, 엉성한 뼈대의 기둥들, 미로처럼 얽힌 마음의 실타래 줄줄 따라서

 동부간선 도로는 장맛비에 폭삭 내려앉고 그 아슬아슬한 중랑천변 넘치는 물살에 달달달 떨어댔을 함석지붕들. 비가 오면 반만 편 우산을 들고 총총총 걷는 아이들 등굣길이면 어깨 넓은 사람도 비스듬히 멈춰 섰다 가는 곳 마주 오는 사람과 잇닿은 살결은 물큰, 사람냄새로 끈적거리지만

 봉창 사이로 재봉틀 소리, 밥 짓는 소리, 수박 쪼개지는 소리, 이년저년 욕해대는 소리, 연필 꾹꾹 눌러 글씨 쓰는 소리, 화장실 물 내려가는 소리, 저녁이면 왁자한 웃음소리……

 구호물자 타 가던 교회 마당에 아이들 사방치기하며 밥 때를 훌쩍 뛰어넘으면 사방에서 민들레 홀씨

처럼 나부끼던 광희, 정열, 금희, 누리…… 다 쓸려
도 떠내려가지 않는 것은 꿈 뿐이라고 동네 한 바퀴
돌아나올 때 누군가 나직이 일러 준다

 마른 꽃대궁을 핥으며 바람이 쓸어간 홀씨 하나,
어디쯤에 단단한 뿌리를 내릴까

노원마을

철거되지 않은 꿈이 자리를 지키고 있다
그녀는 지금 집으로 간다

비라도 내리는 날엔
주체할 수 없이 들끓는 양철지붕 아래
오늘은 포근포근 감자가 삶아지고
비닐하우스 옆 느티나무 아래 노인들
바둑돌 끼고 주막으로 향한다

건너편 아파트 상가에서
빈 박스를 실어 나르던 박 할머니는
마을에 이르러서야
바지춤에 넣어둔 박카스 한 병 비틀어
하루의 피로를 삼켜버린 뒤
기우뚱한 대문 앞에 수레를 세운다

줄줄 가로등이 그녀를 따라 켜진 것인지
그녀가 가로등을 타고 당도한 것인지
분간할 수 없는 어스름 녘
방문 열고 들어서서

부쩍 휘황해진 네온을 보다
돌아서서 꽃밭을 딛고
60촉 희망을 켜는 것이다

울력

마을 앞 당산나무에 걸린 스피커보다 먼저
울력 나오라던 만수아재 우렁찬 목소리에
집집마다 괭이나 삽을 들고
회관으로 가는 발길 많았네
오늘은 저수지 둑으로 가야겠네,
내일은 진반등으로 가야는데 어쩌는가?
어디가 풀이 많고 어디를 개간해야겠네
어른들 목소리 귀에 안 차고
새참 때 나온 막국수나 소보루 빵이 좋았던 울력
 거기 있는 듯 없는 듯 끼어 메뚜기 잡고 땅강아지
잡던
 그때는 모두가 다 장정들이어서
 흙에 부딪치는 연장들 가뿐 숨소리가
 도시로 가는 길을 터주는 것만 같았네

 울력 나가던 엄마 나이 되어
 스피커에서 들려오는 목소리 듣네
 단지 내 잡초가 무성하니 풀 뽑기에 동참해 달라는
 관리소장의 예의 정중한 말씀
 잊었던 만수아재 목소리 같아

철물점 세 군데씩이나 들러 호미 사들고
챙 넓은 모자 눌러쓰고 울력 나갔네
이웃집 아주머니들과 나란 나란히
해찰하면서 싸목싸목 음료수도 마시고 동 호수를 묻고
이렇게 마주앉아 보는 것도 흔치 않은 일

이깟 풀이야 그때 엄마 솜씨론 한나절도 채 안 걸려 뽑힐 것이지만,
603호는 화초가 무진장 많고
1005호는 다운증후군 딸을 위해 기도를 많이 하고
손자를 돌보는 110호 할머니는
며느리가 집에 있는 방학이 좋다네

새벽같이 가방 싸들고 학교 가던 일요일이면
너도 컸응게 대신 나갔다 오라던 엄마 목소리가
버스 차창 밖 소실점으로 작아져가던
그 울력 오늘에사 나갔다 오네

그 염소 왕관 쓰고

 함평아짐 내외가 쌀 한 섬과 맞바꿔온 흑염소 두 마리. 아쉬운 대로 하우스 안에 우리를 만들어 가둬놓고 아짐 내외가 들에 간 사이, 검둥이란 놈 주변을 어슬렁거리는 것 대수냐 싶어 싹오른 마늘밭 숨구멍을 터주다 자지러지는 소리에 돌아다보니 으째야쓰까이! 급한 김에 뛰쳐나온 사투리를 줏어담을 틈 있겠는가 작대기를 주워 패대도 한 번 문 꼬리를 악착같이 물고 놓아주지 않는 개의 이빨 사이로 피는 흐르고 이놈, 이놈 이 나쁜 놈! 사정없이 후려쳐도 서슬 퍼런 눈빛이라 깨갱깨갱 음메에… 어머니 맨발로 토방을 박차고, 경운기 몰고 가던 성수아재가 담박 구쳐 오고 간신히 떨어져나간 검둥이 놈은 그날로 갇히는 신세가 되어서는 그 환장할 염소 맛에 침을 질질 흘렸을 텐데. 새끼염소는 그래도 쑥쑥 자라 머리통에 누구도 범접 못할 왕관을 쓰고 온 들을 활개치고 다니지 않나.

길

내 잠 속의 마지막 정거장엔
고향이 있다

빵구난 생촌리행 빈 버스가
쓸쓸히 서 있는 비포장길엔
자운영꽃 한 무더기
어머니 한숨에도 흐드러진다

솔잎이 푸르러오는 선샘골 깊이
목탁소리 들리는 산문山門에 이르면
팔월 가뭄에도 석간수 마르지 않는 곳
긴 숨
둘러 마시고 돌아누울 거기

가위눌려 허우적이는 목마른 새벽이면
한없이 추락하는 변두리 깊은 방으로
언제나 고향 가는
길이 나 있다

아플리케

바람이 자주 들창에 부대끼는
골목 끝자락에
그녀의 작은 정원이 있다
침묵이 오랜 말이라는 듯
페달을 밟는 여자

찢긴 딸아이 바지에 개나리꽃을,
다리미에 눌어붙은 남편의 셔츠에는
아름드리나무를 심어놓았다
자전거 타다 넘어진 아들의 무릎에선
금방이라도 날아오를 듯한 팔랑나비

기껏해야 헌옷 수거함에 버려질 옷들이
색색의 천을 덧대어 수를 놓으면
전보다 화사해지고 애착이 가는 것을

얽히고설킨 실타래 기억의 화농딱지 뒤로
세상의 꽃들 다 그렇게 피는 것인가
영롱한 꽃술 하나,
화룡점정으로 박아놓는다

미역국

 첫차를 타려는 마음에 밤잠 설쳤습니다
 아버지 명의로 대출을 받고, 그래도 여의치 않거든 연락하라던 어머니가 상에 올려놓은 건 우족 우려낸 물에 끓인 미역국
 첫술에 그만 사레 걸릴 때 등 토닥이며,
 ―사는 것 바쁘고 힘들더래도 생일은 꼭꼭 챙겨야 쓴다.
 단풍잎 불그죽죽했던 이맘때였죠, 추수하느라 매번 놓쳐버린 생일상 하루나 이틀 지나 윗목에 차려주시던 것이

 열차와 함께 출발한 잠 속으로 벌써 들어와 계신 어머니 급물살에 나부끼는 해초들의 싱싱한 머리칼을 부비면서 어여 가 어여 가 손사래를 치셨지만, 세상 태어나면서부터 절망연습하라고 해마다 잊지 않고 먹는 게 생일상만 같던

녹우당*에서 나를 읽다

길에도 마음이 있다면
이렇게 우거진 비자나무숲도
외길일 수만은 없을 것이다
초록의 형형한 낯빛 따라가다 보면
내가 길인 것 같고
길이 나인 것 같아
멈추어도 뛰는 심장박동 소리
산을 오른다

꼭대기까지 갈 참이냐고
누가 내 발목을 붙잡는다
그제서야 혼자
너무 멀리 왔단 생각,
돌아서 터벅터벅 내려오는 길
시든 동백꽃이 뜨거웠는가

벌떼만 잉잉대는 한낮
종가의 고택古宅은 텅 비어서
무엇인가 흘리며 걷는 듯한데
그때마다 바람이 선들 불어

마당 한귀퉁이 쓸리어가고
나는 유물전시관 구석진 자리
백동경** 앞을 서성이다
층층의 동심원을 따라나온다

입구의 오랜 은행나무,
초록 잎사귀가 아슬아슬하다

* 녹우당(綠雨堂) : 전라남도 해남읍 연동리 해남윤씨 종가. 은행나무잎이 소낙비
쏟아지듯이 우수수 떨어진다 하여 녹우당이라 현판하였다고 한다
** 백동경(白銅鏡) : 해남윤씨 종가에서 대대로 사용했던 거울로 공재 윤두서 선
생이 자화상을 그리는 데 사용하기도 하였다.

저녁길의 환청

며칠째 찢겨지는 신문귀퉁이 신발을 신고 집으려는 순간, 언제 왔는지 핥고 부비며 가는 길을 열어주지 않는 귀머거리 개. 우리에 가두어버리자 제어할 수 없는 몸이 거품을 물고 한참을 누워서야 제정신이다. 목소리가 큰 사람마냥, 손동작이 바쁜 사람마냥, 제 안의 결핍을 채우기 위해 저마다 갖고 있을 도드라진 무늬가 저에게도 있다 항변하는 것인가

감나무에 매달려 죽어가는 개를 본 적이 있다. 올가미에 감겨 숨이 끊길 때까지 눈에서 푸른빛을 쏘며 으르렁거리던 검정개. 더위에 지친 사람들이야 두레반상에 앉아 육두문자도 풍성했지만 나는 어디 먼 데로 숨어버리고만 싶었다.

갇힌 개는 날로 사나워서 먹이를 들이기가 겁이 난다. 일주일분의 사료를 넣고 지켜보면 내가 빤히 저를 들여다보는데도 외면한 채 먼 데를 응시하는 눈물만 거푸 들이키던 개는 우리 안에서 시들해졌다 컹! 컹! 제 목소리를 가져본 적 없는 개는.

그것을 바라보는 내 뒤가 서늘하다. 감나무에 매달려 필사적으로 으르렁거리던 검정개의 목소리 점점 크게 들려온다.

열세 살, 봄

한 나무에 여러 가지 빛
가지에 서로 다른 꽃봉오릴 담고
배가 아프다
젖몸살이 난다

노란색이 좋아
개나리꽃을 피울까, 아냐
팝콘처럼 터지는
백목련이지
진달래를 보면 막 타오르구
매화는, 향기는 또 어떤데
무슨 꽃으로 피어나길 바래?

쉬임없이 재잘재잘
하하 호호 대는
저 흔들흔들 좀 말려줘,
바람아

장마

서울을 떠나오면서 두고두고 못 잊는
내게는 오래된 방이 하나 있네
철로를 선회하는 기차가 이렇게 나직이 우는 날이면
그예 장마는 시작되곤 했네

지금은 누가 살까 평 반 남짓한 그 방
그때 우리들처럼 보글보글 라면을 끓여
신 김치 얹어 먹다 허기 채워지기도 전에 사레 걸려
서로의 눈물을 닦아주는 연인 있을까
수몰된 적이 있는 방

애인은 한달음에 왕십리로 달려 큰 비닐을 구해다
책이랑 옷가지들을 옥상에 올려다놓고
장대비는 무릎까지 차고, 배꼽까지 차고
방문을 나서면 가슴까지 차서
똥물이랑 흙탕물 범벅이 되어
흐르는 물길조차 분간할 수 없던 골목길
그의 양 어깨에 걸터앉은 내내
아찔했던 현기증의 카타르시스

기차가 두절된 고지대 철도 건널목 앞에 다다라
반나마 잠긴 집들의 출렁거림을
야릇한 흥분으로 지켜보다가
돌아서 본 하늘은 먹빛이었던가

도배를 하고 장판을 깔았다고
사나흘 뒤에 들러 보니
연탄불이 피워져
모락모락
김이 오르기도 했던 방
바닥이 말랐나 장판을 들썩이면 지렁이가 꿈틀대서
습관처럼 그 후로도
장판이나 들썩이게 되던 방
부엌을 같이 쓰던 건넌방 학생이 설거지를 안 해 놓으면
처음 몇 번은 그냥 해 주다가
몇 번은 화가 나다
몇 번은 살짝 밀쳐두기도 했었지

피해 입은 건 없는데

수재의연금이 십만 원이나 나왔다고
태백산맥 열 권을 선물로 받고
군용 담요도 나오고
라면도 한 박스
오가는 친구들마다 안석아, 안석아 하고 부르면
내가 대신 빼꼼이 창문을 열고 대답도 해주던
오만 원 월세 흔치 않던 방

떠나간 철로 위로 빗소리 성글어지고 어디 두리번
흙탕물이라도 흐를라치면
바깥에 있어도 가슴 안에 있는
서울의 그 방 하나 떠내려갈까 봐
뒤척이는 장마철
이제 시작인가 봐

향기 나는 房

황룡장터 깊숙한 곳
늙은 한약방 있었다
삐걱거리는 목조계단을 오르면
약내음에 묻어오던 할아버지 음성

숙지황, 당귀, 우황… 칸칸이
알 수 없는 비밀을 간직한 채
아픈 가슴들 쓸어내리면
나의 체온도 계단을 타고
한 발짝씩 내렸다

해질 무렵에야 볕이 들던 서향집
크지 않은 방을 빠져나간 사람들은
한아름의 햇살을 받아 안고 사라졌다가
어느 날 불쑥,
감자나 소꼬리를 앞세워 와서는 꼭꼭
동여맨 가슴 풀어내곤 했다

욕망이라는 이름의 전차*를 타고
급정거할 때면

내 안이 죄다 삐걱거리는 소리
낡은 침목을 거슬러가는 거기,
이순의 할아버지 방 한 칸이 오롯하다

* 테네시 윌리암스의 희곡 제목.

싸락눈

나이 여든 넘어
선샘골 죽동할머니
정정하기도 해라
장독대 싸락싸락
싸락눈 쌓이는 것 지켜보다가
싸리비 들고 울타리를 나선다

올망졸망 자란 삽살개들이
텃밭을 헤집고 캉캉 짖는다
—요놈들 얌전히 있거라
귀한 손님 되돌아갈라
땅바닥이 닳도록 집 앞을 쓸어도
찾아오는 사람 하나 없다

싸리비 자욱 희미한 길을 따라
인공 때 산으로 간 아들이 올까
초롱초롱한 눈망울
그 어린 아들이 올까
돌아오는 봄이면 모두 떠나버릴 마을
내년이면 상무대가 들어선다는데

꿈이라도 좋아라 살아온다면
꿈이라도 좋아라

살아 돌아오는 아들 맞으러
문밖을 나섰던 죽동할머니
차마 두 눈 감지 못하고
눈더미에 덮여 실려 간다네
딸랑딸랑 상여소리
온 마을을 적시네

싸락싸락
싸락눈이 덮이네

접근금지, 로부터

 외진 바닷가나 높은 산을 지나칠 때면 한번쯤 만나게 되는 접근금지 팻말 그 앞에 서면 빠르게 뛰는 맥박.

 깨진 사기그릇이나 유리병을 들고 대밭으로 뛰던 어머니 한사코 대밭에는 가지 마라 가지 마라시지만 그곳에는 상사화가 피고 뱀딸기 열리고 그보다 앞서 쏴쏴 서로의 살을 부비던 댓잎소리. 나의 비행은 가끔 사금파리에 금이 간 발바닥, 잃어버린 신발, 대피리, 제비동자꽃, 미등을 들고 달려오는 목소리.

 막다른 골목이었는데 길이 끊긴 그곳에 돌아가시오! 누군가 명령조로 적어놓은 글귀. 꿈에 본 그곳은 아득한 절벽이었다가 미로의 숲길이었다가 늪이었다가 한정 없이 빨려 들어가 말을 듣질 않고 가위눌린 몸.

 유성이 꼬리를 물고 대밭을 향해 떨어질 때 소원을 비는 대신 별을 주우러 들어갔었어. 발목까지 쌓인 눈 속에 살쾡이, 너구리, 노루, 사슴 마을로 내려와. 무섭지도 않았어 환한 밤, 사슴 한 마리가 가쁜 숨을 몰아쉬는데 그렇게 침착하게 올가미를 풀다니.

펄쩍펄쩍 설원을 향해 뛰어가던 어린 사슴이 꿈에 나타나. 별똥별이 떨어지면 쏴쏴 댓잎 부비는 소릴 들었어.

접근금지! 앞에 서서 손을 얹어보곤 해 그러면 보라, 힘차게 맥박 뛰는 소리.

■해설

숫처녀처럼 순정한 사랑의 詩
―고영서 시 세계의 스펙트럼

김준태(시인)

1. 우선 덕담부터

고영서 시인과 마주하면 우선 편하다. 그미는 두 아이의 어머니이지만 그러나 눈동자는 아직 처녀의 눈동자이다. 언제 어디에서나 반짝인다. 문학인들 모임 자리에서는 물론 길고 지루한 '문학과 철학' 강좌 같은 곳에서도 머릿결까지 고운 윤기가 흐른다. 사물과 세상을 바라보는 예지를 차분하게 배워가면서 곁에 있는 사람들을 버겁지 않는 웃음으로 살뜰히 챙겨주곤 하는 '둥근 원의 세계'를 간직한 모습이다.

둥글다! 이 '둥글다'라는 말에 나는 언제부터인가 크게 매력을 느끼고 있다. 가령 고영서 시인을 말하는 경우에 더욱 그런 생각을 갖게 된다. 그것은 내가 어떤 모서리를 잘못 스쳤거나 거기에 다친 경험이 있어서 그러는 것일까, 아니면 고영서의 시에서도 더러는 대립각으로 나타나는 '둥글다'와 '모서리지다'를 발견해서 그러는 것일는지 모른다. 그렇지만 내가 확신할 수 있는 것은 비록 모서리가 졌으나 삼각형 외변을 합하면 결국 360°라는 사실과 진리를 알고 깜짝깜짝 놀라며 즐거워한다. 때때로 나는 현대문명과 모든 부조리한 세계의 안팎을 '모서리'로 진단한다. 상처와 흠집을 내는 혹은 긁어대거나 짓누르는 거친 것들의 실체나 다름없는 모서리와 모서리? 그것들이 흩뿌리는 무수한 실루엣과 거기에서 빚어지는 아픔은 멀리 사라지는 것 같지만 실은 그렇지 않는 것 같다. 멀리 던지면 던질수록 부메랑처럼 가슴 쪽으로 다시 날아와 꽂히는 것이 모서리가 주는 아픔이라고 판단하고 지적한다. 그 아픔이 오래갈수록 둥근 것들에 대한 그리움으로 더욱 몸살을 앓기 때문일까.

둥글다? 둥글다! 어쩌면 세상의 가장 아름다운 것들은 '둥근 것들'이 아니던가. 해와 달, 깊은 산속 송송 솟는 옹달샘, 하얀 사기 밥그릇, 식탁에 놓이는 가족들의 수저, 어머니께서 시집올 때 가져온 손거울, 흰 구름 둥둥 떠가는 하늘, 파도에 시달리는 어리고 어린 섬들을 에워싸 주면서 길게 타원형으로 누워있는 봄날의 수평선, 속살까지 붉게 타오르는 듯이 주렁주렁 매달린 과수원의 능금, 아 하늘도 조심조심 가라앉곤 하는 우리 사람들의 끝간 데 없는 저 아득한 가슴 밑바닥의 출렁거림!

그래서 나는 마음 뿌듯해한다. 고영서 시인의 처녀 시집 『기린 울음』에 담긴 시편들을 보다 찬찬히 들여다보기 전에 잠시 묵상기도를 올린다. 그리고 그미의 기린이 흘리는 눈물이 역시 '둥글다'는 사실을 놓치지 않는다. 이와 함께 축하하는 뜻으로 나의 시 「아름다운 것들은 왜 둥글까」를 다음처럼 가만가만 올려놓는다. 둥근 것이 결국 거칠고 거친 모서리를 품는다는 우주만물, 세상의 이치를 조금은 알고 있기에 즐거운 마음으로 고영서 시인 첫 시집에 '둥근 꽃씨'일랑 뿌려주는 것이다.

> 어찌하여/ 아름다운 것들은 둥근 것일까// 논에서 자라는 곡식들/ 밭에서 자라는 보리 밀/ 콩 녹두 수수 알갱이여// 저 먼 푸른 벌판으로/ 흩어진 마음을 불러 모아/ 훨훨 날개 달아 보내노라면/ 노래의 둥근 씨앗들이여/ 살아서 아름다운 것들의 몸부림이여
> －「아름다운 것들은 왜 둥글까」 앞부분

2. 아픔과 울음소리로 만나는 사랑

나는 고영서 시인이 역시 '둥근 세상'을 꿈꾸면서, 그 둥근 세상 속에서 살기 위해 쉼 없이 시를 쓰며 노래해왔다는 비의(秘意)를 알아차리기 시작한다.

그미의 시가 아픔 속에서 몇 번이고 다시 태어나는 것을 눈짐작으로 짚어낸다. 먼저 시 「사랑」이 그렇다. 목에 걸린 가시를 결코 잊으려 하지 않고 오히려 "견딜 만큼 아픈,/ 당신"이라고 노래하는 것이 그러함일 것이다. 견딜 만큼이라? 요즘 한국 시인들이 가능한 한 잊고자 하는 삶의 아픔, 그러니까 시인 고영서는 나 아닌 너—시적 대상에 대한 아픔을 그럴수록 "선명하게 되살아나"게 하여 자기를 거듭 확인한다. 가시가 주는 그 아픔이 자신 뿐만이 아니라 나에게도 느끼게 한다. 이것을 두고 프랑스의 구조주의 철학자요 문명비평가인 레비스트로스는 '상호소통', 즉 커뮤니케이션의 미학이 갖추고 추구하여야 할 덕목이라고 설파한 바 있다.

> 며칠째 목에 걸려 있는 가시
> 가만있으면
> 아무렇지 않다가도
> 침을 삼킬 때마다 찔러대는 가시
> 손가락을 넣으면
> 닿을 듯 말 듯
> 더 깊이 숨어버리는
>
> 잊는다 잊는다 하면
> 선명하게 되살아나는

견딜 만큼 아픈,
당신
―「사랑」전문

  고영서 시인에게 있어서 아픔은, 시적 대상에 대한 인식(깨달음)이며 실체에 대한 확실한 반증이며 사랑에의 확인이라 말할 수 있다. 따라서 그미는 '아파함의 과정'을 통하여 「기린 울음」과 같은 빼어난 절창을 우리에게 보여주게 됐는지 모른다. 이 시에서도 아픔은 물론 고영서 그미 시의 뼈대를 이룬다. 고대 그리스의 철학자 아리스토텔레스가 강조한 '비극적인 것'의 미학에 뿌리를 내린 그런 시적 정공법에 어긋남이 없는 시작 태도를 유지한다. 아픔과 울음소리! 기실 비극적인 것만이 시를 정화(카타르시스)시켜주고 나아가 시적 세계를 최정상으로 이끌어 올린다는 것이 아리스토텔레스의 이론인데 이를 자연스럽게 따른 셈이다. 그미가 의식하였든 아니하였든지 간에 비극적 세계에 대한 깨달음만이 새로운 세계, 우리가 간직하고 싶은 그 어떤 아름다움에 당도할 수 있다는 것을 시 「기린 울음」은 예증한다.

  기린 울음소리를 들은 적이 있는가

  동물의 왕국에서

큰 나무 잎새를 말아 넣는 기린이
어딘가 기형적으로 보이는 것은
한 번도 그 울음소리를
들은 적이 없기 때문이다

함부로 토해내지 못한 말들이
차곡차곡 쌓여
길어졌을
목

'기린' 하고 부르는 혀끝이
자꾸만 안으로 치닫는 것은
방목할 수 없는 그리움이
내 안에도
똬리를 틀고 있기 때문이다

오늘도 석양의 지평선에서
음머— 하고 터뜨리고 싶은
그 소리의 가없음으로

타는 노을
—「기린 울음」 전문

벌써 첫 연에서부터 화자인 고영서 시인은 말한다.

"기린 울음소리를 들은 적이 있는가"라고 타진한다. 먼저 자신에게 묻고 나중에는 독자인 우리들에게 묻는다. 분명히 그 어떤 아픔에서 터져 나왔을 울음소리. 시인은 둘째 연에 가서는 그러나 놀라운 발견을 하게 된다. 그미가 어린 시절부터 TV프로 '동물의 왕국'에서 자주 보았을 기린한테서 한 번도 녀석의 '울음소리'를 들어본 적이 없노라고 고백한다. 예컨대 정직하게 털어놓고 마는데 이것이 바로 시인만이 가질 수 있는 정직성의 미학이 아니던가. TV나 동물원에서 여러 차례 동물 기린을 보아왔으련만 정작 기린의 울음소리를 들은 적이 없었노라 하는 것이 시인의 솔직한 고백이다. 그것도 "한 번도 그 울음소리를/ 들은 적이 없기"에 그로하여 "큰 나무 잎새를 말아 넣는 기린이/ 어딘가 기형적으로 보이는 것"이 아니었을까 하고 자문하기에 이른다.

 울음소리를 듣지 못하여서 기린의 긴 목이 '기형적'으로 보였다는 것은 시인에게 있어서는 대단한 수확이다. '눈의 발견'으로 얻어진 행복한, 큰 시적 詩的 사건이다. 시를 오랫동안 쓰거나 노래하고 있는 시인들에게도 그렇게 쉽게 찾아오지 않는 시로 감지되는 새로운 발견! 이것은 마치 콜럼버스가 미대륙(신대륙)을 발견한 그것에 비겨서 말하여지곤 한다. 시집 『보스턴의 북쪽』을 펴낸 로버트 프로스트 같은 시인은 그래서 "한 편의 시를 쓴다는 것은 하나의 새로운 세계를 '발견'함에 다름 아니다"라고 말했으리라. 유럽인 콜럼버스가 아메리카 대륙의 땅을 처음으로 밟으며 "와아, 육지가 보인다! 신천지가 보인다!"고 외쳤던 것처럼 시는 눈을 통한 발견에 의해 탄생된다. 정말 훌륭한 시인에게는 남다른 '마음의 눈'을 가져야 한다는 얘기다.

시인 고영서는 또 하나의 새로운 발견을 한다. 그미만이 가지고 있는 눈으로 기린을 전혀 새롭게 그린다. 프랑스의 곤충학자 파브르처럼 혹은 캐나다 출신으로 세계적인 동물전기 작가가 된 시튼처럼, 기린한테서 아무도 쉽게 보지 못하고 발견하지 못한 새로운 사실(시)을 읽어낸다. 「기린 울음」의 셋째 연이 그것일 터이다. 동화적 상상력에서 얻어낸 시구일까, 소녀 혹은 아직 사내와 몸을 섞지 않은 숫처녀의 풋풋한 상상력에서 기인한 그런 시구일까 할 정도로 셋째 연은 사뭇 놀라운 이미지를 형성한다. 그 구절을 다시 한번 끄집어내어 들여다보면 읽는 맛이 더해진다.

    함부로 토해내지 못한 말들이
    차곡차곡 쌓여
    길어졌을
    목

"함부로(부사 '함부로'를 '차마'로 바꾸어도 무리가 없을 것 같다. 물론 시적 뉘앙스는 상당히 달라지지만:필자) 토해내지 못한 말"이 마치 곡식처럼 "차곡차곡 쌓여"서 "길어졌을/ 목"이라고 노래하는 데서는 독자들도 아, 이것이다 하고 감동을 받을 듯싶다. 그만큼 셋째 연은 시각적 이미지가 절묘하고 탁월하다.

넷째 연에서 이제 화자인 시인 고영서는 '기린' 하고 호명한다. 셋째 연의 시각적 이미지를 청각적 이미지로 '연상작용' 화하면서 기린의 슬픔, 사실은 자신의 슬픔을 구체화한다. 차곡차곡 무엇인가가 쌓여 있을지 모르는 기린의 그 목이 결국은 "내 안에도/ 똬리를 틀고 있"는 "방목할 수 없는 그리움"으로 형상화되어 독자를 먼 벌판으로 달려가게 만든다. 기린의 울음, 나의 아픔(슬픔)을 먼 지평선 위에 붉게 "타는 노을"로 승화시킨다. 〈기린=시인=타는 노을〉로 합일되는 〈시각적→청각적→시각적〉 이미지의 배열은 자연스럽게 시인 자신만이 아니라 독자들의 두 눈과 빈 가슴도 그득히 채운다. 그런 다음 시인은 '목에 걸린 가시'랄까 생에서 부딪치는 아픔을 달래면서 사랑의 세계로 진입해 들어가는 것이다.

3. 고향—서울—광주—그리고 내일의 시

"시는 체험이다"라고 일찍이 괴테는 말했다. 그의 깊은 사색과 세계관이 담긴 책 『시와 진실』에서 괴테는 그만큼 시인의 '체험'에 무게를 더하고 있다. 역시 모든 시인들이 그렇듯이 고영서 시인 또한 자신의 경험과 체험에 더 많은 빚을 지고 있는데 고향, 서울, 광주에서의 삶의 시편들이 더욱 그러한 빛깔을 내뿜는다.

왜 석봉이 아재는 무덤을 달고 살았는가 몰라

장가도 안 가고 총각귀신 되어버린 석봉이 아재는 어린 내가 꼽추 꼽추 놀려도 웃기만 하던 석봉이 아재는 더는 서울에도 안 가고 어디에도 안 가고 무당할매 곁을 떠나 너댓 평 점방에서 목을 맸나 몰라
〈중략〉
생전에 못 가본 마실이라도 간 걸까
애기메꽃 일제히 기상나팔을 불어제낀다
―「석봉이 아재의 꽃밭」 중에서

고영서 시의 근원은 단연 그미의 고향인 농촌마을이다. 흙과 대지가 그미 시의 살과 뼈를 이루고 있으며 때로는 맥박으로 고동친다. 일부만 소개한 「석봉

이 아재의 꽃밭」 같은 경우의 시가 더욱 농촌적 분위기를 자아내는데 한국의 여느 마을에서나 찾아지는 그 흔한 이름, 석봉이가 꼽추로 등장한다. 시인의 어린 시절 '마음씨 좋은 아저씨'이기도 했을 석봉이는 그러나 무슨 이유에선지 스스로 목을 매달아 죽는다는 이야기 시다.

시인은 그러나 그 이유를 묻지 않는다. 다만 그리워한다. "생전에 못 가본 마실이라도 간 걸까" 하고 화제를 돌리다가 이윽고는 "애기메꽃 일제히 기상나팔을 불어제낀다"고 꼽추 석봉이의 외롭고 슬픈 생애를 반추한다. 아마 이것은 꼽추 석봉이에 대한 시인 고영서의 특장인 더할 나위 없는 애틋한 사랑의 다른 표현이 아니고 무엇이랴 싶다.

이렇듯 고영서 시인의 '고향시(詩)'의 화자나 주인공은 거의가 못나고 소외받은, 그렇지만 대지의 흙처럼 건강한 생명력을 가진 사람들이 대부분이다. 그미가 고향을 떠난 뒤 살게 될 서울과 광주에서 만난 사람들도 그렇듯 모두가 보통사람이거나 보통 이하의 사람들로서 시에 나타난다. 이 땅 민초들의 삶이 그러하듯이 정겹게 혹은 구슬픈 모습으로 투영된다. 이것이 바로 고영서 시의 근원을 이루는 시적 유전인자이며 사랑함의 자세이다. 가령 매일 잊지 않고 꽃밭에 물을 주던 꼽추 석봉이 아재— 그의 마음이 고영서 시인 몸으로 들어와서 마침내 시를 쓰게

한 것이리라.

고영서 시인의 처녀시집 『기린 울음』 속에는 서울 생활에서 얻어진 시편들이 실로 여러 편이다. 일반 서민들의 난방 대명사이기도 했던 연탄불에서 나오는 그런 온기일랑도 결코 잊지 않으려는 잔잔한 사랑이 젖어있어서 훈훈한 느낌을 준다. 「노원마을」 등이 그런 경우의 시라 할 수 있겠다.

힘들고 가난한 노동으로 서울생활을 버텨낸 시인은 어떻게 해서든지 "60촉 희망"—시의 전등을 켜는 것을 잊지 않는다. 그것을 시인은 "철거되지 않은 꿈"이라고 노래하고 있는 것이다. 변두리의 '쪽방'을 얻어 살고 있을지언정 얼굴에는 주룩주룩 눈물을 흐르게 하지 않는다. 노원마을(노원구) 이웃들을 통해 추위에 얼어붙은 그미의 삶과 시심을 덥힌다. 이와 같은 시적 건강성과 휴머니티는 바로 그미의 고향마을에서 터득한 것일 게다.

철거되지 않은 꿈이 자리를 지키고 있다
그녀는 지금 집으로 간다

비라도 내리는 날엔
주체할 수 없이 들끓는 양철지붕 아래
오늘은 포근포근 감자가 삶아지고
비닐하우스 옆 느티나무 아래 노인들

> 바둑돌 끼고 주막으로 향한다
> 〈중략〉
> 분간할 수 없는 어스름 녘
> 방문 열고 들어서서
> 부쩍 휘황해진 네온을 보다
> 돌아서서 꽃발을 딛고
> 60촉 희망을 켜는 것이다
> ―「노원마을」 중에서

 끝으로 서울에서 내려와 사는 시인은 이제 1980년 5월, 그리고 그 이후에 계속되는 '광주'를 목격한다. 자신은 직접 체험하지는 않았지만 사진이나 비디오 혹은 16mm 영화를 통해 광주의 아픔을 간접적으로 체험한다. 실제 당시를 살아냈던 시민들 못지않은 시각(나는 이것을 역사의식이라고 말하고 싶다. 이런 의식이 없으면 아무리 열 번을 체험했어도 시적 성취를 이루지 못한다)으로 1980년 '오월 광주'의 비극과 상면한다.

 "아무도 들어가지 보지 못"한 오월의 눈을 사슴의 눈에 비유한다. 그 오월이 통과한 진실의 눈이기도 하는 "사슴의 눈/ 깊은 눈"을 만남으로서 비록 훗날이지만 시인은 리얼리즘적 미학에 당도한다. 그렇다. 시인이라는 사람들은 바로 그래서 시공을 넘나드는 존재라고 하지 않던가. 아픈 기억을 비껴가거나 파묻어버리지 않으려는 시인의 노래가 그치지 않을수록 인간의 역사는 발전하는 것이라는 생각이다. 두 손을 뒤로 묶인 채 폭압의 살육의 무리들에게 붙들려 가는 오월의 진실, 오월에의 사랑은 그래서 다음과 같이 '사슴의 깊은 눈'으로 영롱하게 살아나 깜박거린다. 마치 푸른 신호등처럼! 시절이 어둠 속일지라도 그 순정하고 당당한 사슴의 눈망울을 통해 오월이 부르짖고자 했던 사랑과 진실이 되살아나는 것이다.

>아무도 들어가 보지 못했네
>사슴의 눈
>깊은 눈
>
>16mm 영화 속에서 그를 만났네
>후끈 달아오른 아스팔트를 맨발로 걷는 그는
>두 손을 뒤로 깍지 끼었네 속옷만 간신히 걸친 채
>저항도 없이 엎드려서
>먼산바라기 하고 있었네
>—「사슴 사내」 앞부분

이제 고영서 시인에게 남은 것은 '내일의 시'를 쓰는 일이리라. 내일의 혹은 내일에의 시를 쓰고 노래하기 위해 보다 고독한 세계 속으로 걸어가야 할 단계에 들어선 것 같다. 별들이 우수수 쏟아지는 그런 밤길을 홀로 걷기도 하면서 때로는 그 별들을 향하여 자신의 영혼을 쏘아 올려야 하는 산봉우리에 올라선 것이다. 온몸을 꽃봉오리처럼 흔들어서 말이다.

  그리하여 시인은 정녕 잊어선 안 되리라. 태어난 고향(근원), 서울에서 같이 살았던 노원구의 가난한 사람들(이들은 이농민이거나 도시에서 태어났으나 뿌리내리지 못하고 어디론가 자꾸 소외되어 밀려나는 군상들, 어둑어둑한 밤거리에서 '길'을 찾아 헤매는 안양천의 젊은 노동자들… 등), 그리고 지금 시인 고영서가 부대끼고 사랑하며 살고 있는 무등산의 광주(역사) 속으로 바지런히 시적 걸음걸이를 해주길 바라고 싶다.

  한 가지 더 욕심이랄까 기대를 갖는다면 고영서 시인이 낭만주의적 꿈(날개)을 쉼 없이 퍼덕이면서 동시에, 모더니즘(시적 혁명성을 겸비하는)과 리얼리즘(사실+진실=삶) 쪽으로 보다 가까이 다가서기를 바란다. 아, 그리고 그미의 자식들이 보다 사람답게 살아갈 '통일의 나라'로 가기 위해 자신의 시혼을 굽힘없이 바치기를 기도한다. 보다 광활하게 가슴을 열어 광주 혹은 한국 시단의 아름다운 별이 되기를 아울러 빌어본다. 그리고 고영서 시인께서 언제나 '숫처녀 같은 순정한 시'를 노래하리라 믿으며….

                                2007년 3월, 축도祝禱!